Peter de Wit

Burqa Fashionista

PRESSES DE LA CITÉ

C'est la première fois que Nilgün porte sa burqa.
Comme c'est mignon !
Je veux mourir !
Elle a vite pris le pli, tu ne trouves pas ?
Ah ça oui !
MINIPRIX
MINIPRIX
MINIPRIX
MINIPRIX
MINIPRIX
MINIPRIX

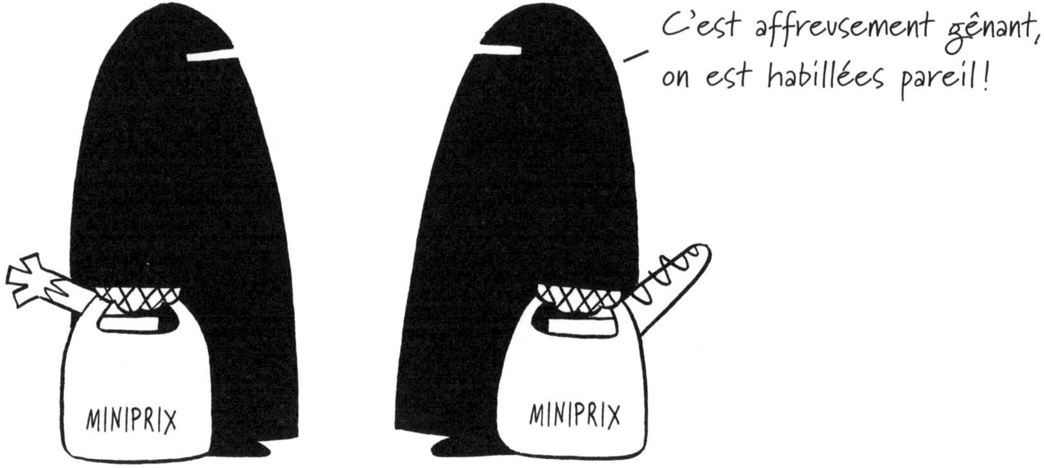
C'est affreusement gênant,
on est habillées pareil !
MINIPRIX
MINIPRIX

Cinglée...
MINIPRIX

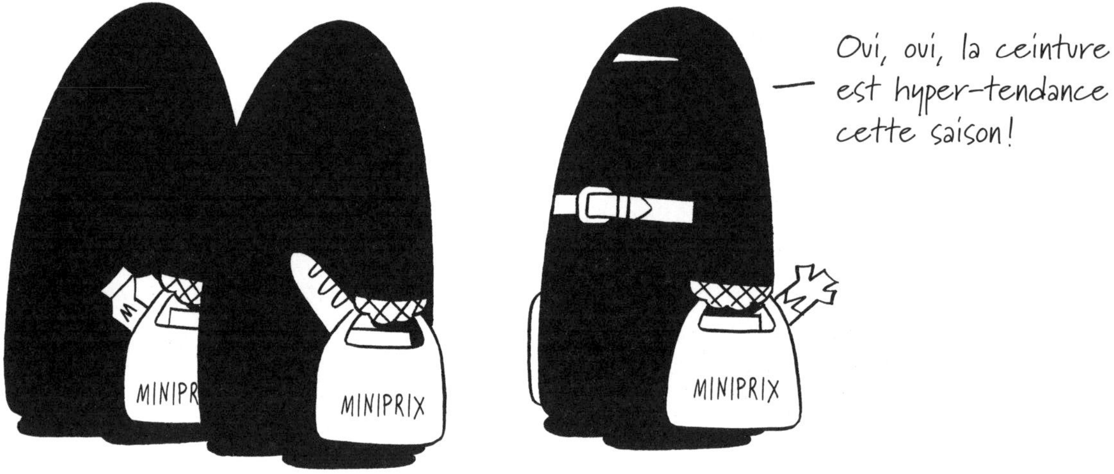
MINIPR
MINIPRIX
MINIPRIX
Oui, oui, la ceinture est hyper-tendance cette saison!

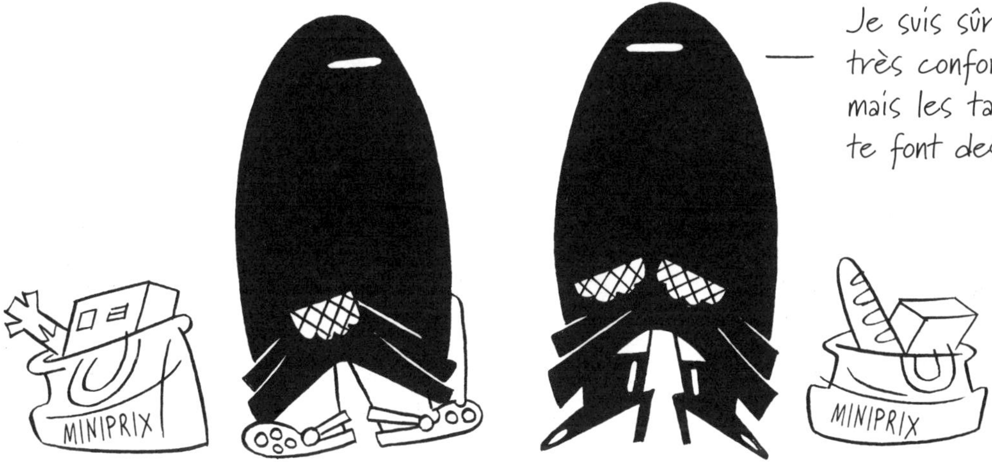

— Je suis sûre qu'elles sont
très confortables,
mais les talons aiguilles
te font des jambes de rêve.

Pauvre Samira! Son mari la sort une fois par semaine pour lui faire porter les courses...
ALDI
MINIPRIX
PRIX
Sinon, il lui interdit de sortir. Elle doit rester faire la bonniche à la maison.
Tu t'imagines, être cloîtrée comme ça?
Etouffant!
MINIPRIX

Eh oui...
Ces tampons afghans
sont un vrai cauchemar !
MINIPRIX
MINIPRIX

Salope!
MINIP
MINIPRIX
Sexy Lingerie

Ma religion m'interdit de serrer la main à un homme.
Moi pareil.
Mais ce n'est pas vraiment un problème.
Ah ça non.
En général, ils te collent trois baisers avant que tu aies le temps de dire ouf.
MINIPRIX
MINIPRIX
MINIPRIX
MINIPRIX
MINIPRIX
MINIPRIX

Salut, beauté!
Pff!
Aucun respect!
Salut, objet asexué!
Ah, voilà qui est mieux.
MINIPRIX

Vivement le printemps, non?
Je sais pas trop, faut que je demande à mon mari.
MINIPRIX
MINIPRIX

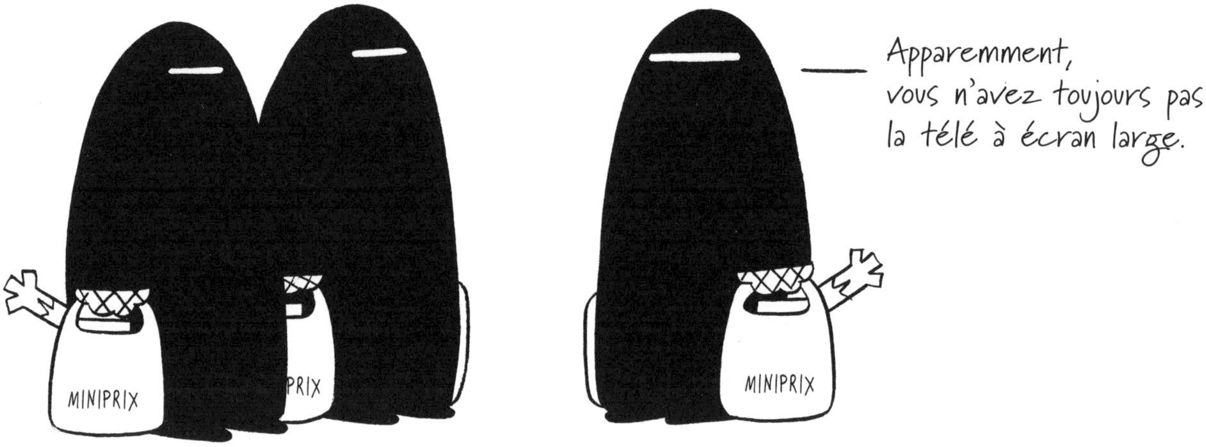
MINIPRIX
PRIX
MINIPRIX
Apparemment,
vous n'avez toujours pas
la télé à écran large.

Ça marche, les affaires?
Pas fort. Je me demande si je ne vais pas en proposer deux pour le prix d'une.
FAITES EXCISER VOS FILLES
5 EUROS
MINIPRIX

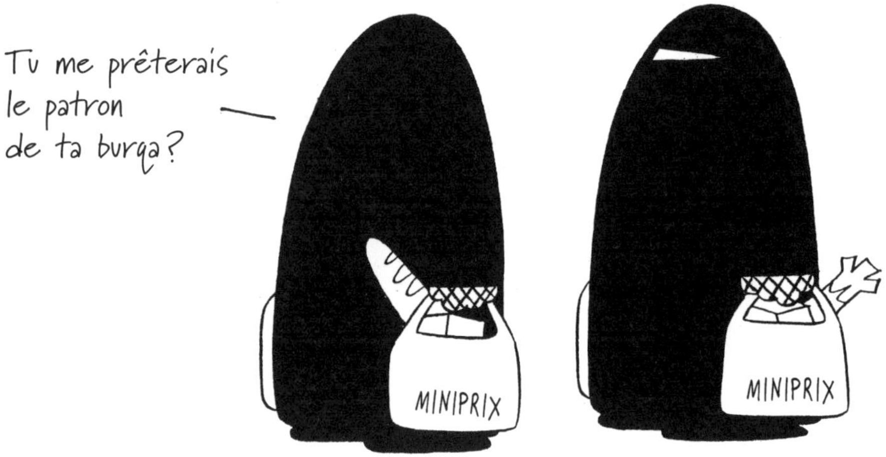
Tu me prêterais
le patron
de ta burqa?
MINIPRIX
MINIPRIX

Encore une année de passée !
M'en parle pas. J'ai l'impression que le Moyen Age ne finira jamais.
MINIPRIX
MINIPRIX

?
MINIPRIX

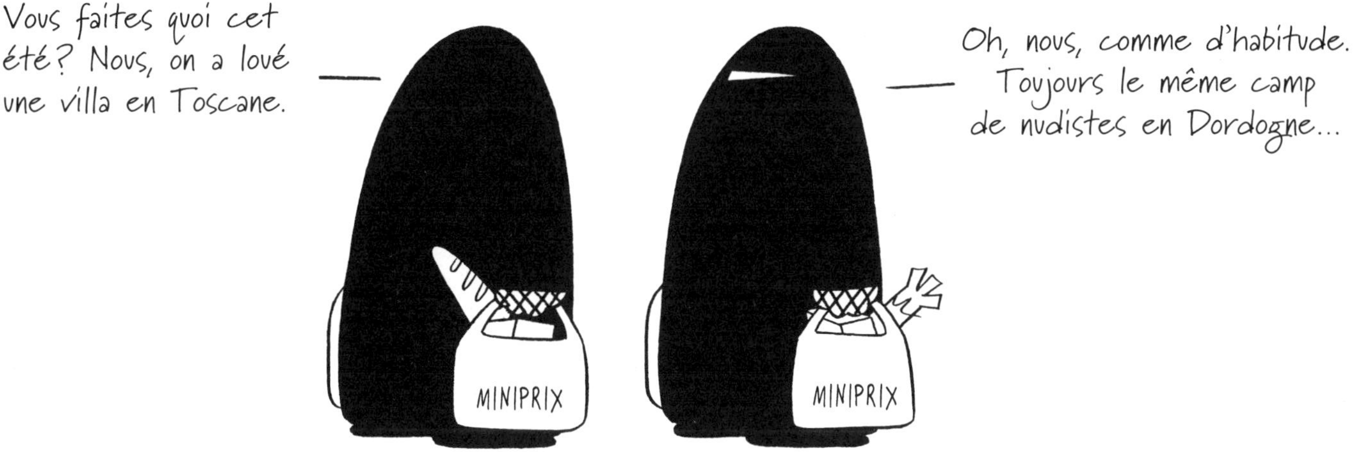
Vous faites quoi cet été? Nous, on a loué une villa en Toscane.
Oh, nous, comme d'habitude. Toujours le même camp de nudistes en Dordogne...
MINIPRIX
MINIPRIX

C'est un burkini.
MINIPRIX
PLAGE

CHEEESE !

MINIPRIX
Mais, maman, tout ce que j'ai à faire, c'est me trémousser en servant du champagne.

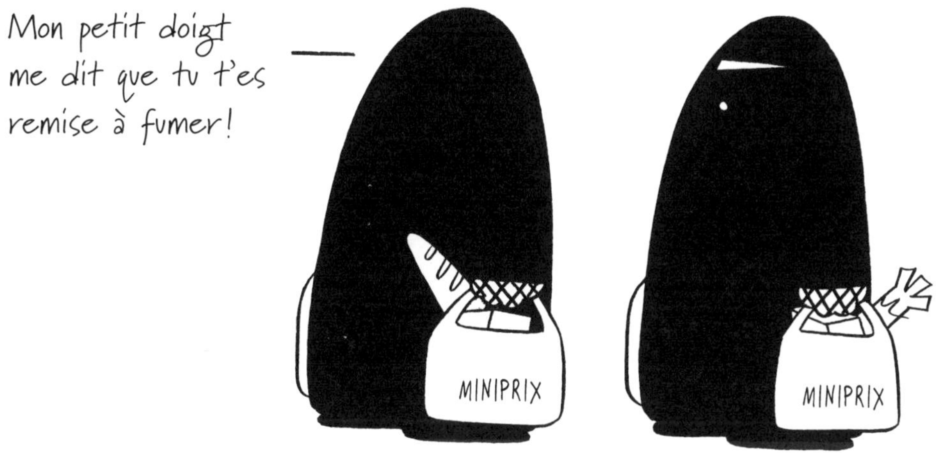
Mon petit doigt
me dit que tu t'es
remise à fumer !
MINIPRIX
MINIPRIX

?
Bonjour chez vous!
MINIPRIX
MINIPRIX
Pourquoi tu parles à une poubelle?
MINIPRIX
PRIX
Parce qu'elle et moi, on s'en prend plein la tronche toute la journée.
MINIPRIX
PRIX

MINIPRIX

MINIPRIX

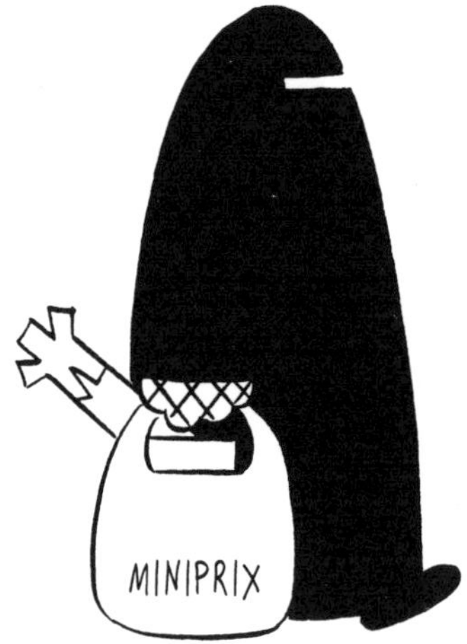
MINIPRIX

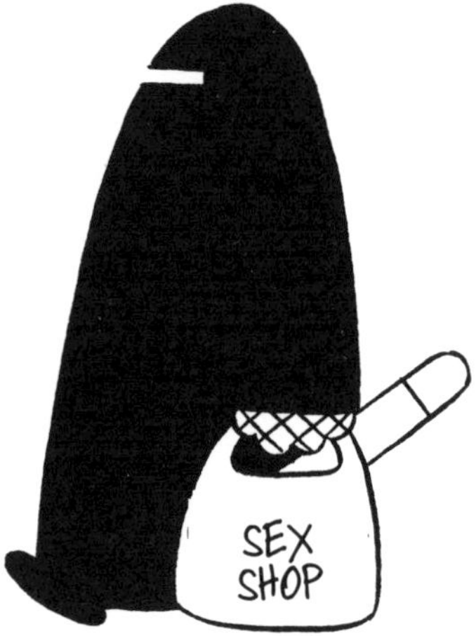
SEX
SHOP

Tu ne trouves pas
qu'elle a pris un coup de vieux?

Personnellement, je demande toujours un maillot brésilien, et toi?
ESTHÉTICIENNE
CIRE
COSMO

— Désolée, on vient de me dire que tu étais un dessin, alors je n'ai plus le droit de te parler.
MINIPRIX
MINIPRIX

Et paf ! En deux temps trois mouvements, te voilà occidentalisée !

OH I WISH I WAS A PUNK ROCKER
WITH FLOWERS IN MY HAIR
IN '77 AND '69
REVOLUTION WAS IN THE AIR
I WAS BORN TOO LATE
INTO A WORLD THAT DOESN'T CARE
OH I WISH I WAS A PUNK ROCKER
WITH FLOWERS IN MY HAIR *
STAFF
BURKA POP
MINIP
MINIPRIX
*©Sandi Thom

Avec ça, t'as vraiment l'air con, mais il paraît que c'est bon pour la santé!
MINIP
MINIPRIX

MINIPRIX
IPRIX

Aujourd'hui c'était le jour de la photo glamour, et ÇA, Fatima, c'est ta plus belle photo. Alors, qu'en penses-tu?
LES TOP MODELS DE DEMAIN
MINIPRIX
MINIPRIX

Oh, regarde!
Ils ont inventé la roue!
MINIP
MINIPRIX

Le ramadan?
Oh non, tu sais,
la religion et moi...
MINIPRIX
MINIPRIX

À PARTIR DE
12,50
Vous n'avez rien de plus petit? Vaut mieux pas que mon mari le voie.

Tu te rends compte, ils ont plus de droits que nous...
MINIPRIX

Fashionista !
MINIPRIX
GALERIES
LAFAYETTE

Tu rigoles?!
Ces merveilles m'ont coûté 4 700 euros et tu voudrais que je les cache!
MINIPRIX
MINIPRIX

Ce soir,
c'est opération séduction...
MINIPRIX
MINIPRIX

Pour moi, elle avait plutôt une tête à faire du snowboard...

Je me regarde
dans le miroir
et je m'interroge :
qui suis-je?

Bonjour!
MINIPRIX
MINIPRIX
?
MINIPRIX
Aaah!
MINIPRIX
Désolée, ces burqas me fichent toujours une de ces trouilles!
MINIPRIX
MINIPRIX

Et nous qui pensions que ça ne pouvait pas être pire...
MINIPRIX
MINIPRIX
MINIPRIX

Où tu vas?
A Paris! La burqa va être interdite en France!
MINIPRIX
PARIS
Dis donc, c'est quoi ces jambes? Tu peux pas te mettre en jupe comme ça!
Mince!
MINIPRIX
PARIS
Bon, tant pis, je vais rester ici, au Moyen Age.
MINIPRIX
KABOUL

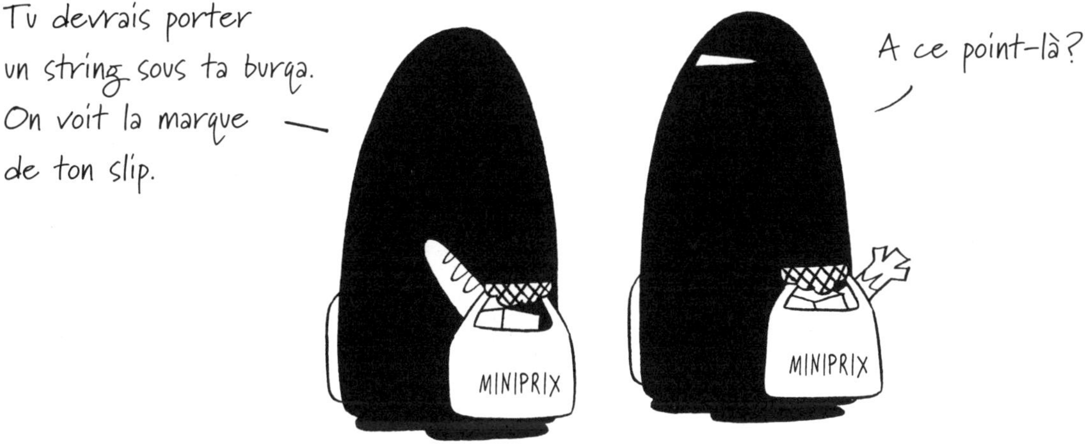
Tu devrais porter un string sous ta burqa. On voit la marque de ton slip.
A ce point-là ?
MINIPRIX
MINIPRIX

Ne te fie pas à ma burqa.
MINIPRIX
MINIPRIX
Je suis une femme moderne, qui n'a pas peur de dire ce qu'elle pense.
MINIPRIX
MINIPRIX
La ferme, grosse conne
OK.
MINIPRIX
MINIPRIX

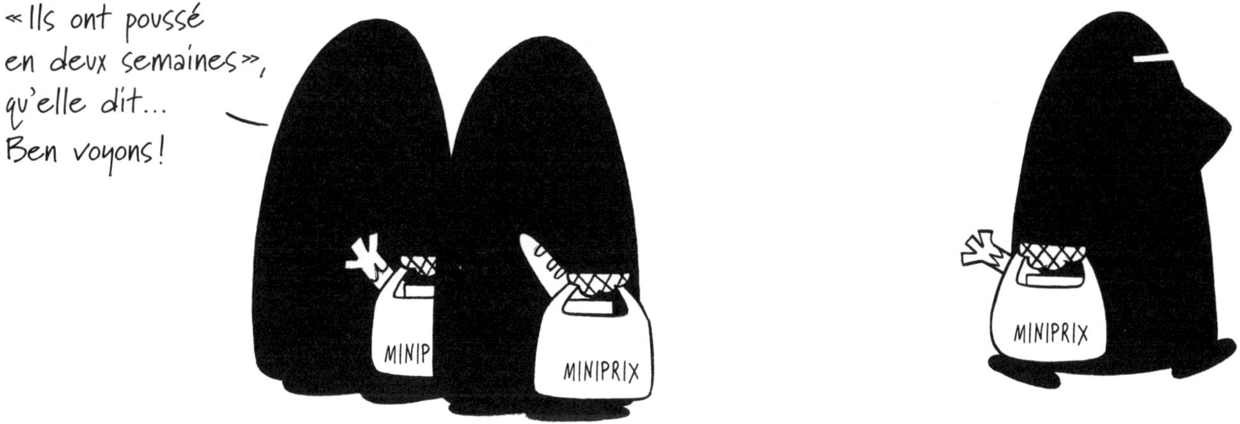
«Ils ont poussé
en deux semaines»,
qu'elle dit…
Ben voyons!
MINIP
MINIPRIX
MINIPRIX

MINIPRIX
MINIPRIX
Bon Dieu, Marilyn,
arrête ton cinéma!

Psst! T'as oublié d'enlever ton tablier!
Oups!
MINIPRIX
MINIPRIX

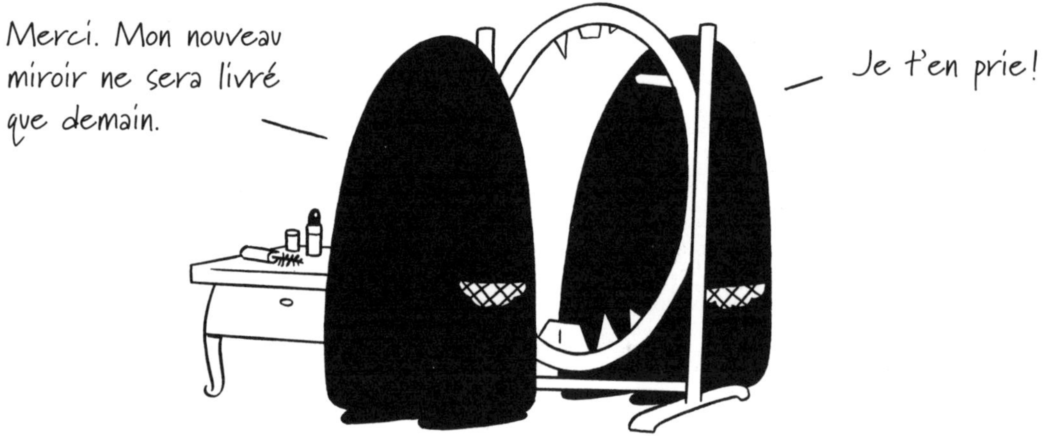
Merci. Mon nouveau miroir ne sera livré que demain.
Je t'en prie!

Je déteste quand on ne voit pas ce que c'est.

MINIPRIX

Elle a mauvaise mine, tu ne trouves pas?
MINIPRIX
IPRIX

Apparemment, il n'y a rien
dans le Coran à ce sujet.
MINIPRIX

MISS BURQA
— Je suis tellement émue...

La religion, c'est plutôt
un truc de mecs,
tu ne trouves pas?
MINIPRIX
MINIPRIX

Enfin, Nilgün,
on a toutes
très chaud!
MINIPRIX
MINIPRIX

Non, moi, la mienne, je ne la mets jamais dans le sèche-linge ! Quoi ? Au-dessus des genoux ? Pas possible !
MINIPRIX

Psst! Jeune mère branchée
avec burqalandau à deux heures.

Mince alors! Cette rue est interdite à Fatima!
MINI
MINIPRIX

BLACK VELVET

Titre original : *Burka Babes*

Traduit par David Camus

Maquette intérieure : Rudy Vrooman

ISBN 978-2-258-08512-1